AF232616

DOMAINE COLONIAL

DE LA

NOUVELLE-CALÉDONIE

CONSULTATION

PAR

Me Pierre EVENAS, docteur en droit,

Défenseur près les Tribunaux de Nouméa.

Pour Monsieur OULÈS, Conseiller général,

MANDATAIRE DE LA COMMISSION COLONIALE.

NOUMÉA

IMPRIMERIE NOUMÉENNE

1892

DOMAINE COLONIAL

DE LA

NOUVELLE-CALÉDONIE

***

CONSULTATION

PAR

Mᵉ Pierre EVENAS, docteur en droit,

Défenseur près les Tribunaux de Nouméa.

Pour Monsieur OULÈS, Conseiller général,

MANDATAIRE DE LA COMMISSION COLONIALE.

NOUMÉA
IMPRIMERIE NOUMÉENNE
1892

CONSEIL DU CONTENTIEUX ADMINISTRATIF
DE LA NOUVELLE-CALÉDONIE

QUESTION DU DOMAINE COLONIAL

CONSULTATION

Par Me Pierre EVENAS, docteur en droit, défenseur
près les Tribunaux de Nouméa,

Pour :

> Monsieur Oulès, conseiller général, membre
> de la Commission coloniale, désigné par elle
> dans sa séance du 4 février 1892, pour, confor-
> mément à l'article 49 du décret du 2 avril 1885,
> portant création d'un Conseil général en Nou-
> velle-Calédonie, intenter à l'Etat l'action dont
> il sera ci-après parlé, relative à la question
> Domaniale en Nouvelle-Calédonie.

La question qui va vous occuper se trouve exactement formulée dans un ordre du jour voté par le
Conseil général de la Nouvelle-Calédonie, dans sa
séance du 18 mai 1887, à la suite d'un rapport présenté
par M. Desjardins, conseiller général, et dont l'argumen

tation nous paraît de nature à justifier d'une manière absolue les conclusions finales adoptées par le Conseil général et tendant à la revendication du domaine de la Colonie.

C'est à compléter, s'il est possible, le travail du Rapporteur, que notre mission va s'appliquer comme suit :

§ 1.

Cette question du Domaine, telle qu'elle se présente aujourd'hui, a pris naissance, comme l'indique le Rapporteur, à la suite du décret du 16 août 1884, délimitant le territoire pénitentiaire en Nouvelle-Calédonie, et Monsieur le Ministre a, depuis lors, *prétendu que la Colonie ne possédait aucun Domaine qui lui fut propre et que toutes les terres en Nouvelle-Calédonie appartenaient à l'Etat.*

Pour arriver à cette conclusion, le Département s'est approprié la théorie émise par le Comité consultatif du Contentieux de la marine et des colonies, dans son avis du 10 mars 1884, où se lisent les considérants suivants :

« Considérant que si des arrêtés en date des 11
« septembre 1875 et 11 mai 1880, ont, pour la première
« fois, fait un départ entre le Domaine public, le Do-
« maine de l'Etat et le Domaine de la Colonie, en ré-
« servant à cette dernière les biens vacants et sans
« maître, les successions en déshérence et toutes les

« terres devenues la propriété de l'Etat, en vertu de la
« déclaration précitée du 20 janvier 1855, ces arrêtés
« émanés de l'autorité locale, *n'ont pu avoir pour*
« *effet de déposséder l'Etat d'une partie quelconque*
« *de son Domaine;*

« Considérant, en effet, que la loi des 22 novembre-
« 1er décembre 1790, tout en déclarant les biens doma-
« niaux désormais aliénables, a prescrit dans son
« article 8 que cette aliénation ne pourrait jamais
« avoir lieu qu'en vertu d'un acte législatif; que cette
« règle confirmée par la législation postérieure, no-
« tamment par l'article 35 de la loi du 22 avril 1815,
« n'a reçu aucune dérogation en ce qui touche la Nou-
« velle-Calédonie; *que, par suite, les arrêtés préci-*
« *tés du Gouverneur sont nuls et de nul effet, en*
« *tant qu'ils ont arbitrairement attribué une*
« *partie du Domaine de l'Etat à la Colonie;*

« Considérant, dès lors, que les terrains abandonnés
« par la Mission doivent faire partie du Domaine de
« l'Etat d'où ils proviennent, et *non au Domaine*
« *local qui n'y a aucun droit.* »

Il est, certes, constant que la loi précitée de 1790,
réagissant contre l'ancien principe de l'inaliénabilité
des biens composant le Domaine de l'Etat, a admis le
principe contraire de l'aliénabilité, par ce que comme
l'expliquent Ducroq, (cours de droit administratif,) et
autres auteurs, le législateur de cette époque cédait à
cette vérité qui existe aussi de nos jours, qu'il n'est pas

bon que l'Etat possède longtemps de simples propriétés foncières ; — qu'il était convenable, utile et sage, non-seulement d'en permettre, mais même d'en provoquer la vente, l'échange ou la concession ; — et qu'il y avait intérêt pour tous à ne pas laisser frapper d'une stérilité relative, entre les mains de l'Etat, des biens qui, livrés aux efforts de l'industrie privée, deviendraient plus productifs.

Il est aussi exact de dire qu'à côté de ce nouveau principe d'aliénabilité, l'article 5 de la loi de 1790 a posé un autre principe juridique et légal, à savoir qu'aucune aliénation domaniale ne devait avoir lieu qu'en vertu d'une loi.

Mais il faut s'empresser de remarquer que le principe dont on vient de parler ne fut pour ainsi dire jamais réalisé que par voie de délégation.

Les Assemblées de la Révolution prescrivirent dans la suite des ventes en masse, par simple voie de délégation, (28 ventôse, An IV, 16 brumaire, An V, 26 vendémiaire, An VII, etc.).

Et enfin, deux lois générales viennent en l'An X, (5 mai 1802 et 6 mai 1802) prescrire l'aliénation de tous les biens domaniaux, sauf ceux réservés ou exceptés, comme les forêts, et ce, par la voie des enchères, ce qui supposait, à priori, une délégation législative générale du pouvoir de réaliser administrativement tant les biens ruraux que les biens urbains.

A quoi il faut ajouter cette remarque des auteurs

déjà cités, que, sous tous les gouvernements qui se sont succédé depuis 1802 jusqu'en 1864, les ventes domaniales ont été ainsi réalisées *sans l'intervention du Pouvoir législatif,* seulement appelé en vertu du principe constitutionnel et d'après la règle sur la comptabilité publique, *à déterminer l'emploi des sommes provenant des ventes.*

Ainsi, d'après M. Ducrocq, (cours de droit administratif,) pendant soixante ans, sous les régimes politiques les plus divers, en République comme en Monarchie, les assemblées politiques, si jalouses de leurs prérogatives, n'ont jamais réclamé contre les ventes domaniales réalisées administrativement, et que le Ministre des finances portait chaque année dans son compte de ressources ; — elles ont voté les budgets, elles ont voté les lois des comptes ; elles ont voté l'emploi des fonds provenant des ventes, sans autoriser elles-mêmes les ventes, ni rappeler les dispositions de l'article 8 de la loi des 22 novembre et 1er décembre 1790. De sorte que les gouvernements et les chambres ont tous, jusqu'en 1864, interprêté les deux lois de floréal, An X, dans le sens d'une délégation législative générale du pouvoir de vendre administrativement les biens domaniaux.

Quoiqu'il en soit, et après toutes ces fluctuations, est intervenue la loi du 1er juin 1864, qui reconnaît implicitement et confirme la délégation législative des lois de l'An X, tout en revenant au principe de la loi domaniale de 1790, c'est-à-dire à la nécessité d'une loi spéciale d'autorisation, mais seulement pour la vente d'immeubles dont la valeur estimative excède un million de francs.

L'effet de cette loi laisse donc intacts les décrets ou arrêtés antérieurs, ayant trait à l'aliénation des terres domaniales, notamment le décret du 25 juillet 1860, concernant l'Algérie, et l'arrêté de M. le Gouverneur de la Nouvelle-Calédonie, du 5 octobre 1862, qui vise spécialement ledit décret.

Au surplus, il ne saurait y avoir aucune difficulté à cet égard, en présence des termes ci-après de la lettre de M. le Sous-Secrétaire d'Etat des colonies à M. le Gouverneur de la Nouvelle-Calédonie, en date du 25 octobre 1887 :

« Il demeure bien entendu que toutes les terres ac-
« tuellement disponibles ne devront pas être aliénées
« à titre onéreux, et que vous aurez à vous préoccuper
« de réserver les bonnes terres à culture, destinées à
« être concédées gratuitement à des colons libres. Vous
« pouvez accorder *par délégation au nom de l'Etat,*
« un certain nombre de lots à des colons agriculteurs
« de la Nouvelle-Calédonie et vous m'adresserez un
« état des autres lots, (superficie moyenne de 25 hec-
« tares) *que le Département concédera directement*
« à des immigrants, avant leur départ de France : »

De tout ce qui précède, il résulte donc que l'avis du Comité consultatif du Contentieux de la marine et des colonies, est basé sur une théorie absolument contraire, non-seulement au droit en lui-même, mais encore à l'application constante qui en a été faite pendant près d'un siècle, et il y a certainement lieu de s'étonner que le Département se soit appuyé sur cet avis pour exercer ses injustes prétentions et tenir en suspens, pendant un temps si long, la solution de l'existence du Domaine colonial qui est une question de vie ou de mort pour la Nouvelle-Calédonie.

En second lieu, et à un point de vue plus général, on s'est demandé parfois si les lois fondamentales de l'Etat ne sont pas de plein droit applicables aux colonies, et s'il n'en serait pas ainsi de la loi précitée de 1790 ;

Mais à cet égard, il faut rappeler que le Sénatus-Consulte de 1854 mentionne d'une façon précise la manière dont les lois doivent être promulguées dans les colonies, et il en résulte que *la promulgation est une condition essentielle de leur applicabilité* ; (Conform. Cass. Crim. 27 décembre 1884, affaire Houduce).

Et M. Dislère, dans son traité de la législation coloniale, enseigne que *lorsqu'un établissement nouveau entre dans l'empire colonial, une promulgation générale des lois qu'on y croit utiles, par exemple la législation d'une colonie à laquelle on assimile le nouvel établissement, est indispensable.* Quand on établit en Cochinchine des juridictions militaires, il fallut, par un article spécial, déclarer le Code pénal

militaire applicable dans cette colonie, quoique le décret du 21 juin 1858 eut déclaré ce Code applicable
dans toutes les colonies.

Ainsi, la Doctrine et la Jurisprudence sont également
contraires à l'avis précité du Comité consultatif du
Contentieux, et comme il serait impossible de justifier
que la loi de 1790 ait été publiée en Nouvelle-Calédonie, il faut en conclure, de plus fort, que ladite loi ne
peut, à aucun titre, être invoquée à l'appui des prétentions de l'Etat et recevoir son application dans la
cause actuelle.

Appendice :

Le Sénatus-Consulte du 3 mai 1854, qui règle la
constitution politique, administrative et judiciaire des
colonies, porte dans son article 6 :

« Les décrets de l'Empereur rendus dans la forme
« de règlement d'administration publique, statuent :

« 1° Sur la législation en matière civile ;

« 2°............ ;

« 9° *Sur les matières domaniales* ;

« Art. 8. — Des décrets de l'Empereur *peuvent or-*
« *donner la promulgation* dans les colonies, des lois
« de la Métropole, concernant les matières énumérées
« dans l'article 6.

« Art. 9...........

« Le Gouverneur représente l'Empereur ; il est le
« dépositaire de son autorité, il rend des arrêtés et des
« décisions pour régler les matières d'administration

« et de police et pour l'exécution des lois, réglements
« et décrets promulgués dans la colonie.

Il n'existe dans le « Bulletin Officiel » de la colonie
aucun document pouvant établir la promulgation en
Nouvelle-Calédonie de la loi de 1790.

§ 2.

Le 24 septembre 1853, Monsieur le Contre-amiral
Despointes prenait possession de l'île de la Nouvelle-
Calédonie et de ses dépendances et arborait le pavillon
Français sur la dite île qui, à compter du même jour,
24 septembre 1853, devenait, ainsi que ses dépendan-
ces, *colonie française*.

Cette prise de possession impliquait nécessairement
de la part du Gouvernement Français l'obligation d'or-
ganiser politiquement et administrativement la con-
trée soumise à la dite prise de possession et d'y exercer le pouvoir à l'avenir.

Ce pouvoir prend le nom de souveraineté et est
appelé : *souveraineté territoriale*.

Mais la souveraineté territoriale n'implique pas la
propriété du sol ; la première rentre dans le droit public et la seconde au contraire, dans le droit privé ;
(droit international codifié trad. Lardy.)

Pour les choses qui ne sont pas susceptibles d'être
l'objet de la propriété privée, le droit civil en déter-
mine la propriété en faveur du Domaine public ou du
Domaine de l'Etat, mais, quant au sol, susceptible

d'être l'objet de la propriété privée, qui n'a pas encore été possédé, et n'est devenu la propriété de personne, le Gouvernement, souverain territorial, a le droit et le devoir de disposer lui-même du sol, pour en conférer la propriété aux personnnes ou services qui doivent être ultérieurement les instruments ou les agents de la colonisation.

Ces principes sont indiscutables et nous allons rechercher comment jusqu'à ce jour, ils ont été appliqués en Nouvelle-Calédonie.

La première préoccupation du Gouvernement fut d'abord d'entrer en communication avec les chefs indigènes, pour leur faire accepter et reconnaître la souveraineté de la France.

Ce point réglé dans les limites alors possibles et nécessaires, la prise de possession de la Nouvelle-Calédonie dut se manifester autrement que par des symboles, et ce fut à la date du 20 janvier 1855 que M. le Gouverneur des Etablissements français de l'Océanie publia la *déclaration* relative à la propriété et à l'aliénation des terres en Nouvelle-Calédonie et dépendances.

Cette déclaration est le premier titre sur lequel l'Etat s'appuie pour revendiquer exclusivement la propriété des terres en Nouvelle-Calédonie.

Dans son rapport au Conseil général, M. Desjardins fait judicieusement observer que le nom de « Etat » ne figure pas une seule fois dans la déclaration dont s'agit, et qu'il n'y est parlé que du *« Gouvernement de sa Ma-*

jesté, *par l'intermédiaire de son représentant, dans ces îles,* c'est-à-dire par le Gouverneur ; il en conclut avec raison que le premier acte solennel, intervenu sur la question en litige, consacre les droits du Gouvernement local à disposer des terres de la colonie, sous le contrôle il est vrai, du Ministre de la marine, ce qui était bien naturel, puisque aucune organisation régulière n'existait encore.

Mais il y a quelque chose de plus important à retenir dans la déclaration du 20 janvier 1855, c'est l'expression *Domaines domaniaux* » qui se trouve dans le § 2 de la susdite déclaration.

DOMAINES DOMANIAUX.— Mais qu'est ce autre chose que les *Domaines généralement reconnus soit par le Code Civil, soit par les législations spéciales,* savoir :

Le Domaine public ;

Le Domaine de l'Etat ;

Le Domaine local (Départemental en France, colonial, dans les colonies.)

Et le Domaine municipal, communal ou autre.

Il est donc évident que les mots « Domaines domaniaux », employés par le rédacteur de la déclaration précitée, s'appliquent aux divers domaines que l'on vient d'énumérer confondus, il est vrai, mais seulement d'une façon momentanée, jusqu'à ce que l'organisation des services de la colonie put en permettre l'attribution directe et la gestion légale aux ayant droit.

Du reste, s'il pouvait y avoir une difficulté sur la division des Domaines ci-dessus établie, elle ne pourrait s'appliquer qu'au Domaine colonial.

Mais *l'existence de ce Domaine* ne saurait être mise en doute, et M. Dislère, Conseiller d'Etat, ancien Directeur des colonies, s'explique ainsi à cet égard dans son Traité de législation coloniale.

ARTICLE 2. — DOMAINE COLONIAL.

« Ainsi que nous l'avons dit, le Domaine colonial
« a été constitué par les ordonnances du 26 jan-
« vier 1825 et du 17 août 1826. — Nous n'avons pas
« à revenir sur l'interprétation donnée à ces actes,
« *qui a attribué aux colonies la propriété de pres-*
« *que tout ce qui constitue en France le Domaine de*
« *l'Etat*, sauf certaines réserves. Les règles d'adminis-
« tration suivies dans chaque colonie nous occuperont
« seules.

« Le Domaine colonial est placé dans les attributions
« du Directeur de l'Intérieur par les ordonnances or-
« ganiques. Soumis aux règles qui régissent la propriété,
« les biens coloniaux sont administrés par le ser-
« vice du Domaine, le Directeur de l'Intérieur pouvant
« seul, d'ailleurs, poursuivre ou défendre dans les ins-
« tances concernant les droits de propriété. — C'est
« encore lui qui est chargé de surveiller les concession-
« naires dans l'exécution des charges qui leur sont im-
« posées et de proposer au Gouverneur le retrait des
« concessions lorsqu'elles ne sont pas exécutées. »

L'autorité qui s'attache à l'auteur de cette citation permet donc de conclure que *le Domaine colonial en Nouvelle-Calédonie est implicitement compris dans les mots « Domaines domaniaux »*, qui se trouvent employés dans la déclaration du 20 janvier 1855 et qu'à ce point de vue, aucune exclusion de son droit si nettement reconnu, ne peut être opposée par l'Etat, à la colonie.

§ 3.

Les considérations qui précèdent permettent tout d'abord de répondre victorieusement à cette allégation toute gratuite, *que le principe de l'Etat seul propriétaire* serait inscrit en tête de chacun des arrêtés locaux réglant le mode d'aliénation des terres domaniales, et s'y trouverait constamment appliqué, (arrêtés locaux des 10 avril 1855, 1er juin 1857 et 1er octobre 1859).

Il est certain que l'argumentation de l'Etat ne saurait être différente, et qu'au seuil de la difficulté il doit poser des prémisses qui fassent triompher sa doctrine.

Mais il est non moins certain que le principe invoqué par l'Etat doit rester soumis aux modifications et réserves qui résultent de la discussion à laquelle il vient d'être procédé, et que loin de consacrer les prétentions de l'Etat, les arrêtés dont il s'agit n'ont pas la signification qu'on voudrait leur donner, c'est-à-dire que les domaines domaniaux seraient la propriété exclusive de l'Etat.

Il faut particulièrement viser à ce sujet, l'arrêté du 1er octobre 1859, dont l'article 2 est ainsi conçu :

« Les terrains situés à la Nouvelle-Calédonie sont « divisés en deux catégories.

« 1° *Les terrains communaux* (subdivisés comme « il sera dit à l'article 5) ;

« 2° *Les terrains situés en dehors des communes,* « (subdivisés en :

« Section comprenant les parties réservées aux in-« digènes ;

« *Section comprenant les terrains domaniaux.*

« Sections comprenant les concessions faites ou à « faire. »

L'article 5 est ainsi conçu :

« Les sections des communes seront urbaines ou « rurales. »

Et l'article 6 porte : « qu'elles seront immédiate-« ment délimitées et cadastrées, et qu'il sera fait ré-« serve sur le plan cadastral, des terrains domaniaux « *nécessaires aux besoins de l'Etat.* »

Et enfin l'article 51 dispose comme suit :

« *Le code Napoléon et toutes les dispositions lé-*« *gislatives françaises relatives au régime de la* « *propriété* sont applicables sur tous les terrains exis-« tant à la Nouvelle-Calédonie, pour tous les cas où il « n'y est pas formellement dérogé par le présent ré-« glement et autres arrêtés à intervenir.

N'est-il pas évident, à la lecture des dispositions

ci-dessus transcrites, qu'au fur et à mesure que les efforts de la colonisation ont commencé à produire effet, le gouvernement y a prêté volontiers la main, en proclamant sans nulle difficulté, dès 1859 :

1° Que les terrains situés en Nouvelle-Calédonie se divisent en deux catégories, terrains communaux et terrains en dehors des communes, ces derniers divisés eux-mêmes en trois sections, dont une pour les terrains domaniaux ;

2° Que les terrains communaux seraient immédiatement délimités et cadastrés ;

3° Et que le code métropolitain régirait *la propriété de tous les terrains* existant en Nouvelle-Calédonie, sauf dérogation spéciale.

Voilà de précieux enseignements à enregistrer, parce que, à priori, ils démentent de la manière la plus formelle, les prétendus principes invoqués aujourd'hui par l'Etat pour se dire seul propriétaire des terres de la Nouvelle-Calédonie.

§ 4.

Un décret impérial du 14 janvier 1860 sépara les commandements des Etablissements de l'Océanie et de la Nouvelle-Calédonie, et d'après l'article 2 de ce décret, la Nouvelle-Calédonie et ses dépendances formèrent un établissement distinct, dont le commandement général et la haute administration furent confiés à un Commandant qui recevait directement les ordres du Ministre de l'Algérie et des Colonies, le tout devant avoir effet à partir du 1er juillet 1860.

Et le 11 septembre de la même année, M. le commandant Durand réorganisait le conseil d'administration de la Colonie, en exécution du décret précité.

Le 2 juin 1862, M. Durand, commandant de la Nouvelle-Calédonie, remettait son service à M. le capitaine de vaisseau Guillain, nommé gouverneur de la Nouvelle-Calédonie et dépendances, par décret du 14 décembre 1861.

A peine arrivé dans la Colonie et à la date du 5 octobre 1862, M. le gouverneur Guillain qui n'était pas sans avoir des instructions formelles de son Ministre, prenait un nouvel arrêté sur l'aliénation des terres domaniales en Nouvelle-Calédonie, parce que l'expérience démontrait l'opportunité de diverses modifications à apporter au réglement du 1er octobre 1859.

Cet arrêté mérite un examen spécial dans ses diverses dispositions.

L'article 1er dit que toutes les terres de la Nouvelle-Calédonie et dépendances, dont le gouvernement n'a point disposé à la date du présent arrêté, *appartiennent à l'Etat* ; — mais il ajoute immédiatement qu'il est fait réserve *au profit du Domaine colonial*, des mines et houillères, eaux minérales, lacs, étangs, cours d'eau, sources et marais de toute espèce, qui se trouveraient dans les terrains aliénés, sous quelque forme que ce soit.

Etat, d'un côté.

Domaine colonial, de l'autre.

Voilà bien les deux propriétaires que l'arrêté dont s'agit met en présence, et c'est ce même arrêté qui inaugure, dit-on, les empiétements de la Colonie sur les droits de l'Etat, en réglementant la concession des terres par le gouvernement et en créant à côté du Domaine de l'Etat un Domaine colonial auquel est attribuée la propriété des bois, des carrières et des eaux que les actes précédents et notamment l'arrêté du 1er janvier 1857 avaient réservés à l'Etat.

Mais pour se plaindre d'un empiétement il faut se trouver soi-même légitime propriétaire de l'objet sur lequel s'exerce le dit empiétement.

Or, l'Etat est loin de se trouver dans cette condition, et nous avons précédemment démontré que la souveraineté territoriale n'implique pas la propriété du sol, et que la déclaration du 20 janvier 1855 pouvait bien investir le gouvernement français de la souveraineté territoriale, *mais non de la propriété du sol.*

Nous avons indiqué également que le droit civil pouvait seul constituer les droits de l'Etat, (des biens dans leur rapport avec ceux qui les possèdent, articles 537 et suivants du Code civil) et ce n'est que dans les limites de ces dispositions légales que l'Etat peut prétendre à une propriété quelconque, à moins qu'il ne justifie d'autres dispositions législatives ou actes du Souverain qui lui donnent cette propriété.

En un mot, il faudrait que *l'État put justifier de la constitution de son Domaine*, avant de pouvoir dire que l'on commet des empiètements sur ledit Domaine.

C'est ce que l'Etat ne fait point, et c'est ce qui rend absolument caduque la Déclaration du 20 juin 1855, et ce qui enlève toute force à l'article premier de l'arrêté du 5 octobre 1862, lequel n'est appuyé ni sur une loi, ni sur un décret, ni sur tout autre acte valable pour constituer un Domaine au profit de l'État autre que celui résultant des dispositions du Code civil métropolitain.

A ces termes, l'arrêté précité du 5 octobre 1862, ne saurait créer aucun droit nouveau au profit de l'État, et il faut conclure, comme nous l'avons fait précédemment, que la répartition des terres en Nouvelle-Calédonie, doit être faite *suivant les formes du droit commun :*

Au Domaine Public,

Au Domaine de l'État,

Au Domaine Colonial,

Et au Domaine Municipal.

Tel est le droit ; telle est la manière de procéder légalement et de laisser à chacun ce qui lui appartient, de par la loi et la justice.

§ 5.

Le 12 décembre 1874, un décret du Président de la République organisait à nouveau le Gouvernement de la Nouvelle-Calédonie, et dans cet acte d'une importance capitale, l'article 40 s'exprime en ces termes :

I. — Le Gouverneur pourvoit à titre gratuit et onéreux, aux concessions des terrains et emplacements inutiles au Service, en se conformant aux lois, ordonnances, décrets et règlements sur la matière.

II. — Il veille à ce que des poursuites soient exercées pour la révocation des concessions *et le retour au Domaine local*, lorsque les concessionnaires n'ont pas rempli leurs obligations.

Rien ne saurait être plus explicite pour constater l'existence de ce Domaine local tant contesté aujourd'hui, et son droit de reprendre, lui seul, à l'exclusion de tout autre domaine, les concessions dont les titulaires ne remplissaient pas les obligations voulues.

Bien mieux, et si l'on consulte les instructions ministérielles pour l'application du Décret qui nous occupe, on y trouve cette recommandation topique :

Vous ne perdrez pas de vue que tous les terrains libres et sans maître, appartiennent au Domaine colonial, et que par suite, l'intervention du Directeur de l'Intérieur est indispensable dans toutes les mesures ayant pour objet d'en disposer à quelque titre que ce soit.

Une autre cause de difficulté pouvait se présenter dans les rapports du Service local avec l'Administration pénitentiaire, au sujet non seulement des terrains déjà affectés à la Transportation, mais encore de nouveaux terrains à concéder.

Dans toutes ces circonstances, le Ministre a soin de rappeler que toutes les opérations devront avoir lieu de concert entre le Directeur de l'Intérieur et le Directeur de l'Administration pénitentiaire, et qu'à tout événement, *toute la partie des terrains non aliénée au moyen de concessions définitives ferait retour au Domaine de la colonie.*

Le texte du décret du 12 décembre 1874, aussi bien que les instructions qui l'accompagnent, formulent conséquemment, de la manière la plus nette et la plus positive, l'étendue des droits du Domaine colonial sur les terrains de la Nouvelle-Calédonie et l'obligation du concours du Directeur de l'Intérieur pour l'aliénation de ces mêmes droits, alors même qu'il s'agit d'un établissement quelconque pouvant intéresser l'administration pénitentiaire.

Cette fois, c'est un décret qui a parlé et qui déclare que la colonie est bien et dûment maîtresse et propriétaire incontestable de son territoire.

§ 6.

L'arrêté local du 11 septembre 1875 dont nous allons nous occuper, donne à cette vérité, la plus éclatante démonstration.

M. le Gouverneur de la Nouvelle-Calédonie avait déjà, par un premier arrêté du 15 avril 1874, prescrit

*la codification et l'unification du régime doma-
nial,* par cette considération que les règles établies en
cette matière par les lois de la Métropole et basées sur
les principes de notre droit civil, offraient pour la constitution de la propriété *tant aux particuliers qu'à
l'Etat, des garanties précieuses dont on pouvait
dès à présent assurer le bénéfice à la Nouvelle-Calédonie.*

Il importe de remarquer sur ce point que, conformément à ce que nous avons dit et ce qui était
d'une étroite obligation, M. le Gouverneur de la Nou-

velle-Calédonie va prendre pour point de départ
les lois de la Métropole et les principes de notre
droit civil, auxquels d'ailleurs, il était impossible de
se soustraire pour arriver à un résultat seulement
équitable ; et si M. le Gouverneur a introduit certaines modifications à ces règles, c'est qu'elles étaient
de nature à répondre plus directement aux besoins
particuliers du pays, et susceptibles de faciliter le
développement de la colonisation ;

Tels ont été les préliminaires de l'arrêté du 11 septembre 1875, sur la législation domaniale en Nouvelle-
Calédonie, *et qui est véritablement l'acte organique
de cette législation.*

Il serait à citer ici dans son entier, à cause des nom-
breux articles qui se réfèrent à la thèse que nous sou-
tenons, mais il suffira des extraits ci-après :

TITRE 1ᵉʳ

Des domaines national et communal en Nouvelle-Calédonie.

CHAPITRE 1ᵉʳ

Du Domaine national

« Art. 1ᵉʳ — Le Domaine national comprend le
« Domaine public et le Domaine colonial.

« Art. 2 — Le Domaine public se compose :
1°. — etc...

« Art. 4. — *Le Domaine de la colonie* se compose :

« 1°. — Des biens qui, en France, sont dévolus à
« l'État, soit par les articles 33, 539, 541, 713, 723 du
« Code civil et par la législation sur les épaves, soit,
« par suite de déshérence, en vertu de l'article 768 du
« Code civil ;

« 2°. — Des biens et droits mobiliers et immobiliers
« provenant de l'occupation de la Nouvelle-Calédonie
« et de ses dépendances, ainsi que ces biens et droits
« ont été déterminés par la déclaration du 20 janvier
« 1855 et par les arrêtés et décrets rendus antérieure-
« ment à la promulgation du présent arrêté ;

« 3° Des biens sequestrés qui auront été réunis au
« Domaine de la Colonie.

« 4° Des bois et forêts, sous la réserve des droits de
« propriété et d'usage régulièrement acquis avant la
« promulgation du présent arrêté ;
5° Des mines et minières.

« Art. 5. — etc.

« Art. 56. — Les Chefs d'administration et de service
« adresseront à la Direction de l'Intérieur, avant le 1ᵉʳ
« juin 1876, *un tableau conforme au modèle ci-an-*
« *nexé de toutes les propriétés immobilières appar-*
« *tenant à la colonie,* qui sont affectées à leur admi-
« nistration ou service.

« Art. 60. — *Le Directeur de l'Intérieur est char-*
« *gé de l'exécution* du présent arrêté qui sera com-
« muniqué et enregistré partout où besoin sera et in-
« séré au *Journal* et au *Bulletin officiels,* de la co-
« lonie.

« Nouméa, le 11 septembre 1875.

Signé : L. de Pʀɪᴛᴢʙᴜᴇʀ.

« Par le Gouverneur :

Le Directeur de l'Intérieur,

Signé : Ed. Lɪᴛᴛᴀʏᴇ.

L'arrêté dont divers extraits précédent, a été pris par
M. le Gouvernenr, en conformité des articles 73 et 74
du décret organique du 12 décembre 1874, concernant
le Gouvernement de la Nouvelle-Calédonie et il a été
préalablement transmis, avant sa publication, à M.
le Ministre de la marine qui, par son télégramme du
12 janvier 1876, confirmé par dépêche du 26 du même
mois, *a déclaré approuver, en principe, le dit ar-*
rêté, lequel n'a été publié, après cette approbation,
que le 10 février suivant, dans le *Bulletin officiel* de
la Nouvelle-Calédonie.

Il n'est pas sans intérêt de jeter un coup d'œil sur la dépêche ministérielle qui vient d'être mentionnée. M. le Ministre de la marine y présente quelques observations de détail, dont la principale est la suivante :

« L'article 1er définissant le Domaine national ne « mentionne comme en faisant partie que le Domaine « public et le Domaine colonial. Il conviendrait d'y « ajouter *le Domaine de l'Etat lequel se compose* « *de tous les bâtiments, terrains, et immeubles par* « *destination, qui ne peuvent être acquis ou alié-* « *nés que sur une autorisation du Gouvernement* « *métropolitain, ou échangés sans son approbation* « *lorsque leur valeur excède dix mille francs.*

« Vous aurez à examiner les modifications ou addi- « tions que peuvent comporter à ce point de vue cer- « taines dispositions de votre arrêté.

« Vous recevrez une dépêche spéciale traitant la « question des réserves pénitentiaires et du régime « domanial applicable à cette partie de la Colonie.

L'observation ainsi présentée par M. le Ministre sur l'omission du Domaine de l'Etat avait bien sa raison d'être, mais en prenant soin de définir lui-même la composition de ce Domaine, il laissait à l'arrêté dont s'agit toute sa force et valeur, pour ce qui a trait au Domaine colonial.

M. le Ministre terminait sa dépêche par la déclaration qui suit :

« Il y aura lieu, comme vous en exprimez l'avis, de

« consacrer la législation domaniale de la colonie par
« un décret réglant définitivement la matière. Mais,
« j'attendrai pour le faire, que l'expérience ait indiqué
« les modifications qu'il pourrait y avoir lieu d'intro-
« duire dans les dispositions que vous venez de pren-
« dre. *Ce décret ne reproduira naturellement que*
« *les stipulations fondamentales de l'arrêté que*
« *vous avez mis en application.* Quant aux autres,
« elles feront l'objet d'un réglement d'exécution que
« vous aurez à prendre postérieurement en Conseil
« privé. »

Il résulte donc bien de cette citation :

1° Que le décret à intervenir ne reproduira que les
stipulations fondamentales de l'arrêté ;

2° Et que M. le Gouverneur a été autorisé à mettre
d'ores et déjà en application le dit arrêté.

Cette conclusion s'impose et il est impossible de com-
prendre comment et pourquoi l'autorité supérieure a
cherché plus tard à s'y soustraire presque d'une manière violente. Cela s'explique d'autant moins qu'à
une époque contemporaine de la dépêche ministérielle
sus-visée, il en arrivait une autre relative à la cession
de terrains aux environs de Nouméa, pour l'organisation d'un polygone, et dans laquelle M. le Ministre de la
marine s'expliquait ainsi, au sujet de la cession de-
mandée :

« Il m'a paru, d'autre part, que *la cession en pleine*
« *propriété au Domaine de l'Etat* de tout l'espace

« destiné à servir aux manœuvres de l'Artillerie et aux
« exercices de tir, *constituerait un sacrifice inutile*
« *et considérable* DE LA PART DE LA COLONIE. Les ter-
« rains de la presqu'île pourraient être affectés régu-
« lièrement à l'usage sus-indiqué, *sans que le fonds*
« *cessât d'appartenir au Domaine colonial.* La
« jouissance seule serait attribuée au service militaire
« et le jour où les besoins de ce service cesseraient
« d'en réclamer l'occupation, la *Colonie reprendrait*
« *son terrain sans avoir à acheter ce qu'elle concé-*
« *derait à titre gratuit aujourd'hui.* »

On ne pouvait mieux dire ni mieux affirmer le sens
et la portée de l'arrêté du 11 septembre 1875 ; le soin
que prend M. le Ministre de faire sauvegarder l'application de cet arrêté, en vue des intérêts de la Colonie,
témoigne combien ces mêmes intérêts, dès l'année
1875, devaient être respectés et jamais contestés, tant
par lui que par ses successeurs ou tous autres.

Malheureusement il n'en a pas été ainsi, et les désa-
vœux viendront plus tard mettre à néant la parole du
Ministre !

§ 7.

Quoiqu'il en soit, une période d'environ cinq
années s'écoule sans autres incidents que ceux résultant de l'expérience sur les conditions du mode d'aliénation des terres et sur le besoin d'y porter remède pour
faciliter les progrès de la Colonie,

Ce sont du moins les motifs qui ont paru diriger M. le Gouverneur Orly, lorsqu'à la date du 11 mai 1880, il a pris un nouvel arrêté sur la législation domaniale en Nouvelle-Calédonie.

Profitant, alors, des observations contenues dans la dépêche ministérielle du 26 janvier 1876 au sujet du précédent arrêté du 11 septembre 1875, M. le Gouverneur s'est empressé de donner satisfaction à ces observations en modifiant comme suit l'établissement des domaines domaniaux :

TITRE 1er

« Du Domaine national en Nouvelle-Calédonie.

« Chapitre unique. — Du Domaine national.

« Art. 1er. — Le Domaine national comprend :

Le Domaine public.

Le Domaine de l'Etat.

Et le Domaine colonial.

« Art. 2. — Le Domaine public se compose :

1° — etc.....

« Art. 3. — Le Domaine de l'Etat se compose :

« De tous les bâtiments, terrains et immeubles par
« destination qui ne peuvent être acquis, aliénés ou
« échangés que sur une autorisation du Gouverne-
« ment métropolitain, lorsque leur valeur excède
« 10.000 francs.

« Art. 4. — Le domaine de la colonie se compose :

« 1° Des biens qui, en France, sont dévolus à l'Etat,

« soit par les articles 33, 539, 541, 713, 723 du Code ci-
« vil, et par la législation sur les épaves, soit par suite
« de déshérence, en vertu de l'article 768 du Code civil;

« 2° Des biens et droits mobiliers et immobiliers
« provenant de l'occupation de la Nouvelle-Calédonie
« et de ses dépendances, ainsi que ces biens et droits ont
« été déterminés par la déclaration du 20 janvier 1855
« et par les arrêtés et décrets rendus antérieurement
« à la promulgation du présent arrêté ;

« 3° Des bien sequestrés qui auront été réunis au do-
« maine de la colonie ;

« 4° Des bois et forêts, sous la réserve des droits de
« propriété et d'usage régulièrement acquis avant la
« promulgation du présent arrêté ;

« 5° Des mines et minières. »

Comme cela était nécessaire, l'arrêté ci-dessus fut
soumis à l'approbation du Département, avec demande
qu'un décret vint consacrer d'une manière définitive
les modifications ainsi introduites dans la législation
coloniale ; et par sa dépêche du 13 janvier 1881, M. le
Ministre de la Marine et des colonies faisait les observations qui vont être mentionnées ci-après :

« *Le titre 4er qui est nécessairement appelé à faire
« partie du futur décret,* a pour objet de définir le
« Domaine national et il le subdivise avec raison, en
« Domaine public, Domaine de l'Etat et Domaine co-
« lonial.

« L'article 9 stipule que lorsqu'il y aura lieu d'affec-

« ter un bien domanial à un service public, la de-
« mande en sera faite par le service intéressé et com-
« muniquée au Directeur de l'Intérieur et en suite l'af-
« fectation en sera effectuée par une décision du Gou-
« verneur, le Conseil privé entendu.

« Il y aurait lieu d'ajouter à cet article que *la Colo-
« nie sera tenue d'abandonner à l'Etat* quand il y
« aura lieu et sans indemnité, les terrains et bâtiments
« dont l'expropriation serait nécessaire dans l'intérêt
« d'un service public de l'Etat, sauf toutefois rembour-
« sement des dépenses, etc...

« Le Titre III de l'arrêté du 11 mai 1880 est consacré
« tout entier aux dispositions qui régissent l'aliénation
« des biens domaniaux. *Du moment que le pouvoir*
« *métropolitain ne doit avoir à sanctionner que*
« *les principes fondamentaux de la nouvelle règle-*
« *mentation*, vous apprécierez quelles sont celles des
« dispositions de l'arrêté *qui devront être reprodui-*
« *tes par le décret.*

Ou il faut nier l'évidence, ou il faut reconnaître sans
réticence que cette fois encore M. le Ministre est parfaitement d'accord avec le Gouvernement local sur la
substance de l'arrêté qui lui était soumis, et qui faisait
disparaître certaine erreur de définition du Domaine
colonial qui s'était glissée dans l'arrêté du 11 septembre 1875.

Maintenant les deux arrêtés se complètent l'un par
l'autre, et sous la haute approbation de M. le Ministre

de la Marine et des Colonies, ils constituent une codification qui paraît devoir être définitive, si, du moins, les ministres futurs n'en disposent pas autrement et ne viennent pas bouleverser de fond en comble les principes de cette codification.

§ 8.

Nous venons de voir qu'au sujet de l'article 9 de l'arrêté du 11 mai 1880, M. le Ministre de la Marine faisait entrevoir qu'il y aurait lieu de stipuler que la colonie serait tenue d'abandonner à l'Etat, sans indemnité, les terrains et bâtiments reconnus nécessaires à un service public de l'Etat.

Cette réserve se comprend parfaitement, et la colonie aurait eu mauvaise grâce à ne pas l'accepter et surtout à ne pas s'y conformer, lorsqu'une demande d'exécution lui aurait été soumise, dans les termes du dit article 9.

Au surplus, ce même article disposait que l'affectation des terrains et bâtiments au service public intéressé serait effectuée par une simple décision de M. le Gouverneur, le Conseil privé entendu.

La procédure ainsi réglée était d'une simplicité évidente, et on n'avait besoin, pour la mettre en œuvre, d'aucun décret spécial, puisqu'il ne s'agissait que d'une pure affectation qui entrait, sans conteste, dans les pouvoirs de M. le Gouverneur.

Mais il semble que les choses ont été autrement envisagées par M. le Ministre de la Marine qui, après avoir écrit la dépêche précitée du 13 janvier 1881, en écrivait une autre, sous la date du 19 février de la même année, au sujet de la délimitation des terrains pénitentiaires, et dans laquelle on est plus qu'étonné de lire ce qui suit, à un mois seulement d'intervalle :

« J'ai prié votre prédécesseur de faire délimiter les
« établissements pénitentiaires et de me transmettre
« un projet de décret et un plan à l'appui, pour me
« permettre *de consacrer par un décret l'étendue*
« *du Domaine de la Transportation.*

« J'ai vu par le procès-verbal de la séance du Conseil
« privé du 31 août 1880, que le Directeur de l'Intérieur
« avait été chargé de ces travaux de délimitation. *Je*
« *dois vous faire remarquer que le domaine local*
« *n'est pas encore définitivement constitué.*

« Ce travail doit être fait par une commission où la
« Direction de l'Intérieur et l'Administration péniten-
« tiaire seront représentées de concert avec le Service
« de l'Ordonnateur. Mais il doit être bien entendu que
« la Commission doit partir de cette base :

« 1o *Que le territoire de la Nouvelle-Calédonie*
« *n'est pas encore la propriété exclusive du Domai-*
« *ne local* ;

« 2o Que le territoire affecté jusqu'à présent à la
« Transportation doit lui être maintenu, et que les
« concessionnaires établis sur ce territoire ne doivent

« aucune redevance au Service Local, au titre de leurs
« concessions ;

« 3° Que pour la délimitation à intervenir, il importe
« de considérer l'étendue du territoire pénitentiaire ac-
« tuel comme un minimum, et que, par suite, loin
« d'être réduit, ce territoire doit obtenir un agrandis-
« sement important de manière à lui constituer des
« réserves suffisantes pour l'avenir ;

« 4° Que de nouveaux terrains soient réservés sur
« différents points de la colonie, mais à une certaine
« distance de Nouméa, pour y créer des établissements
« agricoles, pour y placer des concessionnaires pris
« dans la population pénale. Les concessions de cette
« nature doivent être données par l'Administration
« pénitentiaire en dehors de toute participation de la
« Direction de l'Intérieur qui n'a aucun droit sur le
« Domaine pénitentiaire. »

Laissant de côté les § 2, 3 et 4 ci-dessus qui sont,
pour le moment, étrangers à la cause, il convient de
signaler ces deux points essentiels de la dépêche, savoir:

Que M. le Ministre de la marine se propose de consacrer par un décret le Domaine de la Transportation.

Et en second lieu, que le territoire de la Nouvelle-
Calédonie n'est pas encore la propriété exclusive du
Domaine local.

En ce qui touche un prétendu Domaine de l'Administration pénitentiaire, c'est la première fois qu'un
semblable titre paraît dans un document administratif,

et si l'on veut lui laisser ce nom de Domaine, ce ne sera pas évidemment dans un sens légal, *mais pour indiquer seulement les biens affectés à ce service et distraits du Domaine colonial*, conformément aux dispositions des articles 25 et 26 des instructions ministérielles déterminant l'application du décret du 12 décembre 1874, et rapportées au § 5 de la présente consultation.

Pour ce qui est de cette étrange affirmation de M. le Ministre que le territoire de la Nouvelle-Calédonie ne serait pas encore la propriété exclusive du Domaine local, il faut s'en référer à la dépêche ministérielle également précitée du 26 janvier 1876, approuvant en principe la constitution de la propriété en Nouvelle-Calédonie, suivant arrêté du 11 septembre 1875, et à la seconde dépêche du 13 janvier 1881, qui confirme également les principes posés pour la distinction des divers domaines et des biens qui leur appartiennent, d'après l'arrêté du 11 mai 1880.

Ces divers documents fournissent une réponse péremptoire à la dépêche critiquée du 19 février 1881, qui va ouvrir l'ère de conflits qu'une plus saine appréciation de la législation existante aurait certainement évités.

§ 9.

La mesure prédite dans la dépêche du 19 février 1881, pour avoir été longtemps retardée, n'en est pas moins venue à exécution, et le décret du 16 août

1884, portant délimitation du Domaine pénitentiaire en Nouvelle-Calédonie a été promulgué dans le *Journal officiel* de la Colonie, en vertu d'un arrêté de M. le Gouverneur en date du 27 octobre de la même année.

Notre consultation n'a pas précisément pour objet de nous prononcer sur le plus ou moins d'utilité ou de légalité du décret sus-daté, ni de traiter la question éventuelle de savoir à qui ferait retour le domaine pénitentiaire, si la transportation venait à être supprimée.

Nous n'avons qu'un droit à rechercher, celui qui existe au profit de la colonie, et ce droit une fois établi entraînera après lui toutes les conséquences légitimes, suivant les circonstances qui pourront se présenter dans l'avenir.

Pour cela, il nous faut étudier la dépêche de M. le Sous-Secrétaire d'Etat de la Marine transmettant l'ampliation du sus-dit décret, avec les explications qui l'accompagnent.

Cette dépêche renouvelle l'affirmation que le territoire de la Nouvelle-Calédonie n'est pas encore la propriété exclusive du Domaine local, et que la question du Domaine pénitentiaire étant ainsi réglée, il y aurait à déterminer le mode d'affectation à la colonisation libre des 276,000 hectares de terrains restant disponibles.

M. le Sous-Secrétaire d'Etat demande ensuite les conditions suivant lesquelles *ces terrains, qui sont la propriété de l'Etat* pourraient être concédés et aliénés *au profit du budget local.* Il fait étudier la question et fera connaître ultérieurement les vues et la décision du Gouvernement.

Les 276.000 hectares de terrains disponibles sont donc, d'après M. le Ministre, la propriété de l'Etat ; mais c'est là une prétention toute gratuite et nous avons établi precédemment que la souveraineté de l'Etat n'impliquait pas la souveraineté territoriale, et que pour devenir propriétaire du sol, ce sol ne lui étant pas attribué par la loi civile, l'Etat aurait eu lui-même besoin d'une disposition législative ou d'un décret, pour être déclaré propriétaire du sol calédonien ; et ce ne sont pas de simples allégations à l'aide des quelles on voudrait asseoir un système nouveau et subversif du passé, qui *pourront créer un droit contre le droit lui-même.*

D'autre part, il faut faire observer que M. le Ministre, après avoir consacré le Domaine pénitentaire, *oublie complètement le Domaine colonial*, et propose seulement une concession de terrains *au profit du budget local.* Un budget local propriétaire de terrains ! Ce n'était certainement pas la pensée de M. le Ministre, mais cela est écrit et c'est aux écrits qu'il faut s'en rapporter quand on a à discuter. Le terme « Domaine colonial » aurait peut être été compromettant et il fallait, à tout prix, se mettre en garde pour l'avenir et ne pas employer une expression qui aurait pu, à elle seule, constituer un droit d'existence de ce Domaine colonial que dès maintenant, on parait disposé, si non à sacri-

fier, du moins à livrer aux plus étranges vicissi-
tudes.

§ 10.

Ici s'arrête la série des documents propres à servir
de base à une argumentation juridique.

On peut y joindre à titre consultatif :

1° Les ordonnances du 26 janvier 1825 et du 17 août
1826, qui ont constitué le Domaine colonial, en attribuant aux colonies la propriété de tout ce qui constitue en France le Domaine de l'Etat, sauf certaines réserves ;

« Les Etablissements publics de toute nature *et les*
« *propriétés domaniales existant dans nos diver-*
« *ses colonies leur seront remis en toute propriété,*
« à la charge de les réparer et entretenir et de n'en
« disposer que sur notre autorisation ;

« Ne sont pas compris dans les Etablissements dont
« il est question à l'article précédent les bâtiments
« militaires, fortifications, batteries etc. etc., lesquels
« restent la propriété de l'Etat.

Art. 3 et 4. — De l'ordonnance du 17 août 1825.)

« Le Domaine colonial est placé dans les attributions
« du Directeur de l'Intérieur par les ordonnances or-
« ganiques. Soumis aux règles qui régissent la pro-
« priété, les biens coloniaux sont administrés par le
« service du Domaine, le Directeur de l'Intérieur pou-
« vant seul, d'ailleurs poursuivre ou défendre dans les

« instances concernant les droits de propriété, etc. etc.».

(Repert. Administr. verbo. Colonies. 5e Vol. page 3.)

2° Décret financier de 1882, attribuant les revenus domaniaux à la colonie.

3° Et décret du 22 juillet 1883 qui a également donné à la colonie le produit des mines.

D'après ces deux derniers décrets on pouvait croire que la colonie était virtuellement en possession de son Domaine et qu'il ne pouvait plus lui être contesté. Mais depuis l'année 1884, tout a été remis en question et les deux contendants en sont réduits à un *modus vivendi* qui fait ajourner de plus en plus la solution du débat et ne donne satisfaction à personne.

Ce *modus vivendi* qui, d'ailleurs n'a encore créé aucune fin de non recevoir, aucune prescription et n'a modifié aucun droit, ne saurait cependant correspondre à une situation normale, et dans son état adulte, la Nouvelle-Calédonie ne peut plus longtemps différer l'heure de prendre en mains la direction de ses affaires et de ses biens.

§ 11.

Le décret du 12 décembre 1874 a organisé le Gouvernement de la Nouvelle-Calédonie dont le commandement général et la haute administration sont confiés à un gouverneur, avec divers chefs d'administration sous ses ordres, parmi lesquels un Directeur de l'Intérieur ;

Les attributions du Directeur de l'Intérieur sont définies par le chapitre II, n° 108 et suivants du décret sus-visé; et par un autre décret du 2 septembre 1882, le Directeur de l'Intérieur en Nouvelle-Calédonie a été appelé à prendre rang en Conseil privé immédiatement après le Gouverneur, et en cas de décès de celui-ci ou s'il est absent de la colonie, l'intérim de ses fonctions appartient au Directeur de l'Intérieur.

Un décret du 5 août 1881 a établi l'organisation et la compétence d'un Conseil du contentieux administratif;

Au point de vue administratif, la colonie est divisée en 5 arrondissements, depuis le 5 juin 1879; et chacun de ces arrondissements a à sa tête un administrateur colonial dont le corps a été réorganisé par décret du 12 décembre 1888.

Quant à l'Administration municipale, son organisation date du décret du 8 mars 1879, complété depuis par d'autres décrets et un arrêté local du 7 avril 1888.

Enfin, le 30 mai 1885 a été promulgué le décret du 2 avril de la même année, portant création d'un Conseil général à la Nouvelle-Calédonie.

Pour les besoins de la présente consultation, il y a lieu de faire connaître ici une partie des attributions de ce corps élu.

Art. 40. — Le Conseil général statue définitivement sur les objets ci-après désignés :

1° Acquisition, aliénation et échange des *propriétés*

mobilières et immobilières de la colonie, quand ces propriétés ne sont pas affectées à un service public ;

2° *Mode de gestion des propriétés de la colonie ;*

3° Baux ;

4° *Changement de destination et d'affectation des propriétés de la colonie,* lorsque ces propriétés ne sont pas affectées à un Service public ;

13° *Actions à intenter ou à soutenir au nom de la colonie,* sauf les cas d'urgence dans lesquels la Commission coloniale pourra statuer.

14° *Transactions concernant les droits de la colonie ;*

Art. 43 — Le Conseil général délibère :

1° Sur la part contributive à imposer à la colonie dans les travaux exécutés par l'Etat et qui intéressent la colonie ;

6° *Sur l'acquisition, l'aliénation et l'échange des propriétés de la colonie, affectées à un Service public ;*

7° *Sur le changement de destination des propriétés de la colonie affectées à un Service public.*

Art. 44. — Les délibérations prises par le Conseil général sur les matières énumérées en l'article précédent sont approuvées ou rejetées — Par décret — n° 1, 2, 3, 4 et 5 — Par arrêté du Gouverneur en Conseil privé, n° 6, 7, 8 et 9.

Art. 49. — *En cas de litige entre l'Etat et la Colonie l'action est intentée ou soutenue au nom de la*

Colonie par un membre de la Commission coloniale désigné par elle.

Art. 52. — *Le projet de budget de la Colonie* est préparé et présenté par le Directeur de l'Intérieur qui est tenu de le communiquer à la Commission coloniale avec les pièces à l'appui, dix jours au moins avant la session d'août.

Le budget délibéré par le Conseil général est définitivement réglé par le Gouverneur, en Conseil privé.

Il comprend :

1° *Les recettes de toute nature* autres que celles qui, *d'après les réglements en vigueur*, doivent être perçues au compte du budget de l'Etat ;

2° *Toutes les dépenses* autres que celles relatives au traitement du Gouverneur, du personnel de la justice et des cultes, au service du Trésorier-payeur, et aux services militaires.

« Art. 53. — Des subventions peuvent être accordées à la Colonie sur le budget de l'Etat ;

Des contingents peuvent lui être également imposés ;

La loi annuelle de finance règle la quotité de la subvention concédée à la Colonie ou du contingent qui lui est imposé : »

Les attributions du Conseil général de la Nouvelle-Calédonie qui résultent des articles sus-visés créent à ce corps élu des droits, d'abord, et puis des devoirs auxquels il ne lui serait pas loisible de se soustraire, *nous voulons parler de la revendication des pro-*

priétés constituant le Domaine de la Colonie, de manière à pouvoir en exercer la gestion, conformément à l'article 40 § 2 du décret, et remplir toutes les autres obligations auxquelles il est tenu, surtout en ce qui concerne la discussion et la délibération sur le budget de la Colonie.

Ces considérations justifient amplement l'action que la Commission coloniale a l'intention d'intenter à l'Etat ; et pour le soutien de laquelle M. Oulès, l'un de ses membres, a été désigné dans la séance du 4 février 1892.

§ 12.

Cette action ainsi justifiée en principe, contre qui doit-elle être dirigée ?

Sans nul doute, contre M. le Gouverneur de la Nouvelle-Calédonie, demeurant à Nouméa, pris en la dite qualité, puis au nom et comme représentant le Domaine de l'Etat Français en Nouvelle-Calédonie ; — et aussi, en tant que de besoin, contre M. le Chef du Service du Domaine de l'Etat en Nouvelle-Calédonie, service institué dans la Colonie par décision de M. le Gouverneur, en date du 29 septembre 1885, et conformément à deux dépêches ministérielles du 28 juillet de la même année, *ayant pour objet de constituer dans la Colonie le Domaine de l'Etat.*

Le cas de litige entre l'Etat et la Colonie est d'ailleurs prévu, comme on l'a déjà dit, par l'article 49 du décret du 2 avril 1885, sur le Conseil général.

§ 13.

Le droit de propriété a, au plus haut degré, le caractère d'un droit individuel; à ce titre, les contestations auxquelles il donne lieu relèvent en principe, de la compétence judiciaire.

Mais d'un autre côté, ainsi que l'enseigne Laferrière, dans son traité de la juridiction administrative, le droit de propriété n'est pas exclusivement attaché à la personne ; il s'étend sur les choses extérieures, il s'exerce sur le sol qui fait partie du territoire national, en même temps que du patrimoine privé des citoyens.

De là résulte la nécessité et la légitimité d'actes de la puissance publique, destinés à en faire la réglementation ; — de là, enfin, la compétence administrative, lorsque, comme dans l'espèce, des actes de la puissance publique doivent être invoqués.

Il y a donc lieu, pour le cas présent, de soumettre la cause à la juridiction du Conseil du Contentieux administratif.

§ 14.

Quant à l'objet de la demande, il doit consister en la remise pure et simple au domaine de la colonie, de tous les biens et droits composant ce domaine, ainsi qu'il est défini et déterminé par l'arrêté local du du 11 mai 1880, et qu'il peut résulter de toutes autres dispositions administratives ultérieures, qui font la loi des parties.

Car il ne faut pas perdre de vue, que quoique la consultation du Comité du Contentieux ait déclaré que les arrêtés locaux des 11 septembre 1875 et 11 mai 1880, étaient nuls et de nul effet, en tant qu'ils auraient arbitrairement attribué une partie du Domaine de l'État à la colonie, et que cet avis ait été adopté par M. le ministre de la marine, dans sa dépêche du 1er août 1884. — Il n'en est pas moins certain que les actes dont s'agit n'ont perdu ni leur force ni leur caractère administratif. Il aurait fallu, en effet, que l'autorité administrative supérieure appréciant en la forme accoutumée le reproche d'illégalité et reconnaissant qu'il est fondé, ait mis les actes dont il s'agit à néant, ou bien que la juridiction administrative en eut prononcé l'annulation par la voie contentieuse.

Or, rien ne démontre jusqu'à aujourd'hui que les Gouverneurs qui ont rendu les arrêtés précités aient commis une faute administrative et aient excédé leurs pouvoirs ; ce n'est donc que par un régime de bon plaisir qu'on voudrait considérer comme inexistants lesdits arrêtés, dont l'application doit continuer à être faite, sans qu'aucune atteinte puisse y être portée.

Ainsi donc la colonie devra formuler sa demande, telle qu'elle est indiquée ci-dessus, sauf compte à faire et sous telles déductions dont il sera valablement et légalement justifié.

Au surplus ces divers points pourront être spécialement déterminés et limités soit dans une note complémentaire, soit dans la requête introductive d'instance, à l'appui de laquelle devront être fournies les pièces justificatives.

CONCLUSION

Attendu que la Nouvelle-Calédonie est devenue colonie française par l'acte de prise de possession du 24 septembre 1853.

Attendu que cette prise de possession a été complétée par une déclaration de M. le Gouverneur des Etablissefrançais de l'Océanie, en date du 20 janvier 1855;

Que le Gouvernement y a fait réserve de la propriété comme domaines domaniaux, de toutes les terres non occupées ;

Que la souveraineté territoriale n'implique pas la propriété du sol au profit exclusif de l'Etat ;

Que par le mot « domaines domaniaux » employé dans la déclaration sus-visée, il faut entendre les domaines généralement reconnus soit par le code civil, soit par les législations spéciales, savoir : Domaine public — Domaine de l'Etat — Domaine local ou colonial et Domaine municipal.

Attendu que le droit de la Colonie à son Domaine est ainsi d'essence primordiale, tant en vertu du code civil métropolitain, qu'en vertu des ordonnances des 26 janvier 1825 et 17 août 1826.

Attendu que vainement l'Etat allègue qu'il est seul propriétaire du territoire de la Nouvelle-Calédonie et qu'il en a seul la disposition, par application de la loi des 22 novembre et 1er décembre 1790 ;

Attendu qu'il a été démontré que ce prétendu droit de seul propriétaire était inadmisible et que, d'autre part, la loi de 1790 n'était point applicable dans l'espèce, tout au moins pour n'avoir pas été promulguée en Nouvelle-Calédonie.

Attendu que les droits de la colonie à son Domaine résultent pleinement des arrêtés locaux des 5 octobre 1862, 11 septembre 1875 et 11 mai 1880 ; ainsi que des dépêches ministérielles des 26 janvier 1876 et 13 janvier 1881, relatives à ces derniers arrêtés, et contenant reconnaissance formelle du Domaine de la colonie par le Département.

Attendu que ces mêmes droits sont confirmés soit par le décret du 12 décembre 1874, et les instructions ministérielles qui l'accompagnent, soit par le décret financier du 20 novembre 1882, soit par le décret du 22 juillet 1883, sur le régime des mines.

Attendu qu'au mépris de tous ces actes, décrets et arrêtés, l'Etat détient indûment le Domaine de la colonie et ajourne sans cesse là remise de ce Domaine.

Attendu que l'intérêt de la colonie et le devoir de ceux qui peuvent agir en son nom, est d'obliger l'Etat à opérer cette remise, par toutes voies et moyens de droit.

Par ces motifs,

Et sans qu'il en soit besoin d'autres, sous réserve de compléter les moyens dans la requête introductive d'instance,

Le défenseur soussigné est d'avis que M. Oulès est pleinement fondé à poursuivre contre l'Etat l'instance pour laquelle il a été désigné, dans la séance du 4 février dernier, tenue par la Commission coloniale du Conseil général de la Nouvelle-Calédonie.

Fait à Nouméa, le vingt-deux août mil huit cent quatre-vingt-douze.

P. EVENAS.

NOTE COMPLÉMENTAIRE

A la consultation du 22 Août 1892

En principe, la demande de la colonie contre l'Etat doit avoir pour objet la remise du Domaine colonial, tel qu'il est défini par l'article 4 de l'arrêté du 11 mai 1880 sur la législation domaniale en Nouvelle-Calédonie, lequel article 4 est ainsi conçu :

« Le Domaine de la colonie se compose :

« 1° — Des biens qui, en France, sont dévolus à l'Etat, soit par les articles 3?, 539, 541, 713, 723 du « Code civil, et par la législation sur les épaves, soit « par suite de deshérence, en vertu de l'article 768 du « Code civil;

« 2° — Des biens et droits mobiliers et immobiliers « provenant de l'occupation de la Nouvelle-Calédonie « et de ses dépendances, ainsi que ces biens et droits ont « été déterminés par la déclaration du 20 janvier 1855 « et par les arrêtés et décrets rendus antérieurement à « la promulgation du présent arrêté;

« 3° — Des biens sequestrés qui auront été réunis au « Domaine de la colonie;

« 4° — Des bois et forêts, sous la réserve des droits

« de propriété et d'usage régulièrement acquis avant la

« promulgation du présent arrêté ;

« 5° — Des mines et minières».

NOTA. — Voir au besoin le texte des articles précités du Code civil, et celui de la déclaration du 20 janvier 1855.

Et comme aux termes de l'article 8 de l'arrêté sus visé du 11 mai 188.), il devait être tenu au bureau du Domaine les registres spécifiés dans l'article 78 et détaillés comme suit :

1° — Un registre de consistance des biens domaniaux (art. 8) et des mutations de propriétés (art. 77).

2° — Un registre d'affectations aux services publics (art. 9 et 10).

3° — Un registre de réserves (art. 11).

4° — Un répertoire de tous les actes de vente, de location et de concession, approuvés par le Gouverneur en Conseil (art. 22 et 50).

5° — Un registre des demandes adressées au Directeur de l'Intérieur (art. 50).

6° — Un registre de déchéances (art. 39, 55, 56, 57, 60).

7° — Un registre de liquidation (art. 75).

Il sera alors très facile, au vu de ces registres, de déterminer la portion des biens domaniaux appartenant à la colonie et existant au jour où les registres ci-dessus prescrits auront été ouverts.

De l'actif général on distraira les biens désignés sous les n°ˢ 2, 3 et 5 ci-dessus et le reliquat constituera les biens présentement existants, composant le Domaine de la colonie et dont celle-ci devra être mise en possession effective et immédiate.

On fera également la nomenclature des biens aliénés par voie d'enchère, avec le montant des prix, les acomptes payés et le solde dû.

On fera un semblable état pour les baux avec leur durée et le montant des loyers acquittés ou à acquitter.

En un mot, il s'agira d'établir un compte financier pour déterminer le montant des sommes qui peuvent encore revenir à la colonie, soit pour les ventes, soit pour les baux ; — c'est-à-dire que l'Etat doit rendre un compte de sa gestion financière, avec telles imputations que de droit.

Etant bien entendu que le Domaine colonial ne devra accepter à son débit que les sommes dont il aura profité soit par délégation, soit de toute autre manière, mais en dehors de toutes celles incombant à l'Etat comme charge de souveraineté ou à tous autre titres.

Subsidiairement et dans le cas où le Conseil général déciderait qu'il vaudrait mieux, par voie transactionnelle et sans procéder au règlement de territoire dont il vient d'être parlé, accepter les 276,000 hectares de terrains qui restent disponibles,

Il y aurait lieu de demander la remise immédiate à la colonie des dits 276,000 hectares, sans conditions et sans autres réserves que celles pouvant résulter d'arrêtés réguliers, ce qui devra d'ailleurs être opéré par le chef du service du Domaine de l'Etat, sous le contrôle effectif et absolu de M. le Directeur de l'Intérieur.

En ce qui concerne le compte financier proprement dit, il y aura toujours une importance absolue à y procéder, parce qu'il faudra connaître exactement le chiffre qui revient à la colonie pour prix des aliénations déjà faites ou produits de baux expirés ou ayant cours.

Il va sans dire que dans ce futur règlement il ne sera fait nul état des dépêches du 5 avril et 9 octobre 1885, prescrivant le recouvrement pour le compte du Trésor public de tous les revenus domaniaux, la part de ces revenus en ce qui concerne le Domaine colonial devant lui être restituée entièrement, sauf toujours imputation à faire, s'il y a lieu, de sommes reçues de ce chef.

Ainsi, à s'en tenir au principe absolu de droit, l'action de la colonie contre l'Etat, doit avoir pour objet l'entière remise du Domaine colonial, soit en terrains, fonds, prix de ventes et prix de baux à loyers, avec compte à faire depuis le 11 mai 1880, date de l'arrêté portant division du Domaine national, en Domaine public, en Domaine de l'Etat et en Domaine de la colonie.

Mais dans le cas d'une transaction possible, l'action devrait se réduire à réclamer l'attribution des 276,000 hectares qu'on dit être disponibles, mais toujours avec réserve du réglement financier pour les prix de ventes encore dûs, et pour les loyers des baux, sans tenir compte, comme il a été dit, des dépêches des 5 avril et 19 octobre 1885, qui ont prescrit le recouvrement des sommes dûes pour le **compte du Trésor public.**

Telles sont les grandes lignes dans lesquelles l'action devra être engagée, sauf au Conseil général à les limiter ou modifier dans le sens qui lui paraîtra le plus conforme aux intérêts de la colonie.

Nouméa, le 23 août 1892.

P. EVENAS.

ARRÊTÉ

SUR LA LÉGISLATION DOMANIALE

EN NOUVELLE - CALÉDONIE

(11 septembre 1875)

Art. 56. — Les Chefs d'Administration et de Service adresseront à la Direction de l'Intérieur, avant le 1er juin 1876, un tableau conforme au modèle ci annexé, *de toutes les propriétés immobilières, appartenant à la Colonie* qui sont affectées à leur administration ou Service.

Après la réception de ces documents, le Directeur de l'Intérieur fera dresser, par les soins du Service de l'Enregistrement et des Domaines, le sommier de consistance dont la formation est prescrite par l'article 12.

TABLEAU *de toutes les propriétés immobilières appartenant à la Colonie,* qui sont affectées à un Service public.

Lieu de la situation de chaque propriété	Désignation de la nature et de la contenance de chaque propriété et de ses dépendances	Valeur approximative en capital	Désignation du Service public auquel chaque propriété est affectée	Date de l'affectation et de désignation de l'arte qui l'a autorisée	Indication de l'usage auquel chaque partie de la propriété est actuellement consacrée	Observations

Certifié véritable par le soussigné.

Nouméa, le 187 .

PROTOCOLE D'UN ACTE DE VENTE

Du 12 juin 1878.

VENTE DE GRÉ A GRÉ

L'an mil huit cent soixante dix-huit, et le douze du mois de juin ;

Nous, soussigné Littaye, Edouard-William, Directeur de l'Intérieur à la Nouvelle-Calédonie, demeurant à Nouméa, *agissant en cette qualité au nom et comme représentant du domaine local de la Nouvelle-Calédonie ;*

Assisté du Chef de Service de l'Enregistrement et *des Domaines* à la Nouvelle-Calédonie ;

Déclarons vendre par ces présentes,

A M.   qui accepte :

Un immeuble consistant en un terrain rural, d'une contenance de huit hectares, situé à Pounérihouen, etc.

Cet immeuble appartient au *Domaine local* de la Nouvelle-Calédonie, pour n'en avoir point encore été distrait depuis l'occupation française.

Art. 8. — Jusqu'à parfait paiement, l'immeuble demeurera spécialement affecté et hypothéqué à la sûreté des droits du *Domaine de la Colonie.*

.... Fait et passé à la Direction de l'Intérieur, les jour, mois et an susdits......

Approuvé par le Gouverneur :
Nouméa, le 21 juin 1878.
Signé : OLRY.

Enregistré et transcrit.

(Même protocole suivi depuis l'origine des ventes jusques vers la fin de l'année 1886).

PROTOCOLE DES NOUVEAUX ACTES

L'an.....

Nous soussigné, Directeur de l'Intérieur à la Nouvelle-Calédonie, agissant en cette qualité au nom et comme représentant du Domaine (le mot *local* biffé) à la Nouvelle-Calédonie, assisté de M.....

Déclarons vendre, par ces présentes, à M..... un immeuble consistant en : .....

Cet immeuble appartient au Domaine (le mot *local* biffé) de la Nouvelle-Calédonie pour n'en avoir pas été distrait depuis l'occupation française.)

Art. 9. — L'acquéreur payera le prix à la caisse du Receveur du Domaine ; — il pourra payer par anticipation :

(En renvoi.) Les quittances délivrées par le Receveur du Domaine n'opèrent pas la libération définitive de l'acquéreur ; cette libération ne pourra résulter que d'un quitus délivré *par le Chef du Service du Domaine de l'Etat*, reconnu régulier par la Direction de l'Intérieur.

Art. 10. — Jusqu'à parfait paiement, l'immeuble demeurera affecté et hypotéqué à la sûreté des droits du Domaine de (les mots *la colonie* sont biffés) *l'Etat* (mis en marge.)

(Suivent d'autres substitutions du mot Etat à ceux de la Colonie.)

Art. 16. — Le présent acte sera soumis à l'approbation du Sous-Secrétaire d'Etat aux colonies et ne deviendra définitif que par le fait de cette approbation. Toutefois M. X. pourra jouir du terrain vendu dès l'approbation provisoire du présent acte par le Gouverneur en Conseil ; il sera tenu, dans tous les cas, de se conformer aux obligations et conditions qui viennent d'être énumérées, *comme si la vente était d'ores et déjà définitive.*

(Nota. — Cet article est écrit à la main ; — il fait à l'acquéreur une singulière situation.)

Suivent les signatures des parties, plus le visa de M. le Chef du Service du *Domaine de l'Etat.*

RAPPROCHEMENT INSTRUCTIF

Pendant que, depuis un long nombre d'années, *la Colonie est privée de son Domaine*, l'Administration Pénitentiaire à laquelle on a constitué *un Domaine spécial* taillé en plein drap dans celui de la Colonie, fait publier dans les journaux l'avis suivant :

RÉPUBLIQUE FRANÇAISE
Liberté-Égalité-Fraternité

NOUVELLE-CALÉDONIE ET DÉPENDANCES

ADMINISTRATION PÉNITENTIAIRE
2ᵉ Bureau

AVIS

Le public est informé qu'il sera procédé à Nouméa, *le lundi 3 octobre 1892,* à deux heures et demie du soir, dans les bureaux du Sous-Directeur de l'Administration pénitentiaire, à la location aux enchères publiques et à l'extinction des feux des lots de terrain ci-après désignés :

KONIAMBO

	Mises à prix
Lot nº 1. — 76 hect., 5 ares............	120 fr.
Lot nº 2. — 95 hect., 78 ares..........	150 fr.
Lot nº 3. — 56 hect., 80 ares..........	90 fr.

Lot n° 4. — 75 hect., 16 a., 10 c........ 120 fr.
Lot n° 5. — 57 hect., 90 ares.......... 90 fr.
Lot n° 6. — 47 hect., 44 ares.......... 75 fr.
Lot n° 7. — 51 hect., 36 a., 78 c........ 80 fr.
Lot n° 8. — 48 hect., 69 a., 75 c........ 75 fr.
Lot n° 9. — 39 hect., 24 a., 25 c........ 60 fr.
Lot n° 10.— 33 hect., 4 ares........... 50 fr.

FONWHARI

2,454 hectares, dont 10 hectares environ
de terres à cultures et trois bâtiments et
dépendances...................... 2.500 fr.

BOURAIL

Lot n° 1 de la Haute-Pouéo, 325 hect..... 350 fr.

FONWHARI

Lot n° 4 de Méaré-Pierra, 932 hect...... 1.500 fr.

L'adjudicataire de ce lot ne pourra entrer en jouissance qu'au 1er janvier 1893.

Soit, pour cette seule opération :

Nombre d'hectares donnés en location. 4,291ʰ 87ᵃ 88

Mises à prix...................... 5.210 fr.